U1071150

# 汇聚两国人民力量
# 推进中美友好事业

## ——在美国友好团体联合欢迎宴会上的演讲

（2023年11月15日，旧金山）

习　近　平

人　民　出　版　社

**图书在版编目(CIP)数据**

汇聚两国人民力量　推进中美友好事业:在美国友好团体联合欢迎宴会上的演讲/习近平 著. —北京:人民出版社,2023.12

ISBN 978-7-01-026194-2

Ⅰ.①汇…　Ⅱ.①习…　Ⅲ.①习近平-讲话②中美关系-研究　Ⅳ.①D2-0②D822.371.2

中国国家版本馆 CIP 数据核字(2023)第 232682 号

(RMC-ZJDXI-138-20231115)

**汇聚两国人民力量　推进中美友好事业**

HUIJU LIANGGUO RENMIN LILIANG TUIJIN ZHONGMEI YOUHAO SHIYE

——在美国友好团体联合欢迎宴会上的演讲

(2023 年 11 月 15 日)

**习　近　平**

人民出版社 出版发行

(100706　北京市东城区隆福寺街 99 号)

北京新华印刷有限公司印刷　新华书店经销

2023 年 12 月第 1 版　2023 年 12 月北京第 1 次印刷

开本:880 毫米×1230 毫米 1/32　印张:0.5

字数:7 千字

ISBN 978-7-01-026194-2　定价:2.50 元

邮购地址 100706　北京市东城区隆福寺街 99 号

人民东方图书销售中心　电话 (010)65250042　65289539

# 汇聚两国人民力量
# 推进中美友好事业

## ——在美国友好团体联合欢迎宴会上的演讲

（2023 年 11 月 15 日，旧金山）

中华人民共和国主席　习近平

**女士们，先生们，朋友们：**

很高兴在旧金山，同美国各界朋友见面，共叙友情，共话友好。1985 年我第一次访问美国，就是从旧金山入境，我对美国的第一印象来自旧金山，至今还保存着一张在金门大桥的留影。

首先，我要向组织这次活动的美中关系全国委员会、美中贸易全国委员会、亚洲协会、美国对外关系委员会、美国商会等友好团体表示衷心感谢！向长期致力于中美关系发展的美国朋友表示诚挚问候！向友好的美国人民致以良好祝愿！

旧金山见证了中美两国人民百年交往的历史。158 年前，大批中国工人来到美国，修建连接东西海岸的太平洋铁路，筚路蓝缕，在旧金山建起了西半球历史最悠久的唐人街。从这里出发，中美两国之间发展起 7600 亿美元双边贸易和累计 2600 多亿美元双向投资，建立起 284 对友好省州和友好城市关系，最多每周 300 多个航班和每年 500 多万人次的相互往来。这是全世界近四分之一人口共同绘就的宏伟画卷。

旧金山见证了中美建设美好世界的努力。78 年前，在携手战胜法西斯主义和军国主义之后，中美共同参与发起旧金山制宪会议，推动建立了联合国，中国第一个在《联合国宪章》上签字。从这里出发，二战后的国际秩序得以建立，100 多个国家相继获得了民族独立，几十亿人口最终摆脱了贫困，世界和平发展进步的力量不断成长。这是各国人民和国际社会携手取得的硕果。

女士们、先生们、朋友们！

中美关系的根基是由人民浇筑的。第二次世

界大战时期，我们两国共同为和平和正义而战。陈纳德将军带领美国志愿者奔赴中国战场，组成了著名的飞虎队。他们不仅直接对日本侵略者作战，还建起了向中国运送急需物资的驼峰航线，1000 多名中美机组人员牺牲在这条航线上。日本偷袭珍珠港后，1942 年美国空军 16 架 B—25 轰炸机奔袭日本，由于油料不足，杜立特中校等飞行员在中国弃机跳伞，中国军民奋勇救助，日军竟因此屠杀了 25 万中国平民。中国人民没有忘记飞虎队。我们在重庆专门修建了纪念馆，邀请了 1000 多名飞虎队老兵及其家属回到中国，我同他们中的一些人也一直有书信往来。最近，飞虎队老兵、103 岁高龄的莫耶和 98 岁高龄的麦克马伦来到中国，登上了长城，受到中国人民热烈欢迎。美国人民也没有忘记殊死营救美国军人的中国人民。浙江衢州有一个杜立特行动纪念馆，当年获救的美国军人的后代经常来到这里，向见义勇为的中国人民表达敬意。我相信，血与火铸造的中美两国人民友谊一定能够代代相传。

中美关系的大门是由人民打开的。两国曾

经隔绝对立22年。是时代潮流让我们走向彼此，是共同利益让中美超越分歧，是人民愿望让两国打破坚冰。1971年，美国乒乓球代表团来到北京，小球转动了大球。此后不久，曼斯菲尔德先生率领的第一个美国国会议员代表团来了，包括艾奥瓦州州长罗伯特·雷在内的第一个美国州长代表团来了，许多工商界人士也来了，掀起了中美友好交往的浪潮。世界走出新冠疫情大流行后，我在北京见了基辛格博士、比尔·盖茨先生，也见了舒默先生和其他几位参议员，还有纽森州长。我对他们讲，中美关系希望在人民，基础在民间，未来在青年，活力在地方。我欢迎更多美国州长、议员访华，欢迎美国各界人士到中国去。

中美关系的故事是由人民书写的。我第一次访问美国时，住在艾奥瓦州的德沃切克夫妇家中，我还记得门牌号是邦尼街2911号。这是我同美国民众首次面对面接触，也是一段我和美国人民共同生活的难忘经历。对我来说，他们就是美国。我也发现，两国虽然历史文化、社会制度、发展道路不同，但人民都善良友好、勤劳务实，都爱祖国、爱家庭、爱生活，都对彼此抱有好感和兴趣。正是善意友好的涓滴汇流，让宽广太平洋不再是天堑；正是人民的双向奔赴，让中美关系一次次从低谷重回正道。我相信，中美关系的大门一旦打开，就不会再被关上。两国人民友好事业一经开启，就不会半途而废。人民友谊之树已经长大，一定能经风历雨。

中美关系的未来是由人民创造的。越是困难的时候，越需要拉紧人民的纽带、增进人心的沟通，越需要更多的人站出来为中美关系鼓与呼。我们要为人民之间的交往搭建更多桥梁、铺设更多道路，而不是设置各种障碍、制造“寒蝉效应”。我今天同拜登总统达成重要共识，两国将推出更多便利人员往来、促进人文交流的措施，包括增加中美客运直航航班，举办中美旅游高层对话，优化签证申请流程等。我们期待着两国人民多走动、多来往、多交流，共同续写新时代两国人民友好的故事！我也期待着加州和旧金山在中美友好的征程上继续领跑！

女士们、先生们、朋友们！

我们处在一个充满挑战变化的时代，也处在一个充满希望的时代。世界的未来需要中美合作。作为世界上最大的发展中国家和发达国家，中美要好好打交道。面对变乱交织的世界，中美更需要有宽广的胸怀，展现大国格局、拿出大国担当、发挥大国作用。

我一直在思考，如何让中美关系这艘巨轮避开暗礁浅滩、穿越狂风巨浪，不偏航、不失速、不碰撞？首先要回答的是，中美到底是对手，还是伙伴。这是一个根本的、也是管总的问题。道理很简单，如果把对方视为最主要竞争对手、最重大地缘政治挑战和步步紧逼的威胁，必然导致错误的政策、采取错误的行动、产生错误的结果。中国愿意同美国做伙伴、做朋友。我们处理中美关系的根本遵循就是相互尊重、和平共处、合作共赢。

相互尊重是人与人打交道的基本礼数，也是中美两国相处的起码准则。美国有独特的历史文化和地理位置，塑造了自身的发展道路和社会制度，我们充分尊重。中国特色社会主义道路是在科学社会主义理论指导下走出来的，植根于5000多年绵延不断的中华文明，我们同样感到自豪。两条道路不同，但都是人民的选择，都通向全人类共同价值，都应该得到尊重。

和平共处是国际关系基本准则，更是中美两个大国必须守住的底线。把坚持和平发展的中国视为威胁，搞你输我赢、你兴我衰的零和博弈是走偏了方向。中国从不赌美国输，从不干涉美国内政，也无意挑战和取代美国，乐见一个自信开放、发展繁荣的美国。同样，美国也不要赌中国输，不要干涉中国内政，应该欢迎一个和平、稳定、繁荣的中国。

合作共赢是时代发展的潮流，也是中美关系应该有的底色。中国正致力于高质量发展，美国也在着力振兴经济，双方合作空间无限广阔，完全可以相互成就、互利共赢。中方提出的共建“一带一路”倡议以及全球发展倡议、全球安全倡议、全球文明倡议，始终面向各国开放，包括美国。中方也愿参与美国提出的多边合作倡议。今天上午，我同拜登总统同意本着相互尊重精神，推动两国在外交、经贸、人文、教育、科技、农业、军队、执法、人工智能等领域开展对话合作，把合作的清单拉得更长，把合作的蛋糕做得更大。我要告诉大家，中方对芬太尼对美国人民尤其是青年人的毒害深表同情，我和拜登总统已同意成立禁毒工作组，进一步开展合作，协助美国应对毒品的滥用。我愿在此宣布，为扩大中美两国人民特别是青少年一代交流，中方未来 5 年愿邀请 5 万名美国青少年来华交流学习。

不久前，华盛顿国家动物园的 3 只大熊猫回到中国。我听说很多美国民众特别是孩子们依依不舍，专门到动物园去送行。我还了解到，圣迭戈动物园和加州人民热切期盼大熊猫能重返加州。大熊猫是中美人民的友谊使者。我们愿继续同美国开展大熊猫保护合作，努力满足加州人民的愿望，增进两国人民友好感情。

女士们、先生们、朋友们！

中国是世界上最大的发展中国家。工作得更好，生活得更好，孩子们成长得更好，是 14 亿多中国人民的殷切心愿。中国共产党就是给人民办事的，人民对美好生活的向往就是我们的奋斗目标，就是必须守住的人民的心。经过百年探索和接续奋斗，我们已经找到了一条适合自己的发展道路，正在以中国式现代化全面推进中华民族伟大复兴。

我们致力于团结奋斗，让全体中国人民一起迈向现代化。人口众多是中国的基本国情。再大的成就除以14亿都会变得很小，再小的问题乘以14亿都会变得很大，这就是大的难处。同时，大也有大的优势。中国共产党领导、中国特色社会主义制度、广大人民群众的拥护和支持是我们最大的优势。中国是超大规模经济体，形成了超大规模市场。前不久，我们成功举办第六届中国国际进口博览会，吸引了来自包括美国在内128个国家的3400多家企业参展，美国连续6届展览面积最大。14亿多中国人民迈向现代化是中国带给世界的巨大机遇。

我们致力于共同富裕，让每一个中国人都过上美好生活。摆脱贫困，是中华民族的千年梦想。共同富裕，是中国人民的共同期盼。我不到16岁就在陕北的一个小村子里同农民住在一起、干在一起，知道人民愁什么、盼什么。从那时到现在，半个世纪过去了，在人民中间让我觉得踏实，同人民在一起让我有力量。我将无我、不负人民，这就是我终生的信念。我刚担任中共中央总书记和中华人民共和国主席时，中国还有 1 亿人生活在联合国标准的贫困线以下。经过 8 年艰苦奋斗，这些贫困人口已全部脱贫，提前 10 年实现了联合国 2030 年可持续发展议程的减贫目标，1800 多名中共党员在扶贫攻坚的岗位上献出了生命。

我们的目标不是少数人的富裕，而是全体人民共同富裕。就业、教育、医疗、托幼、养老、住房、环境，这些老百姓的身边事、贴心事、具体事正不断融入中国国家发展的顶层设计，不断变成老百姓的获得感、幸福感、安全感。我们将继续推动高质量发展，让现代化成果惠及全体人民。这是中国共产党的初心使命，是我们对人民的承诺，也必将在人民支持下实现。

我们致力于全面发展，让人们的物质和精神世界同样富足。中国人很早就懂得“衣食足而知荣辱”。物质贫困不是社会主义，精神贫乏也不是社会主义。中国式现代化是以人民为中心的现代化，其中一个重要目标就是在不断提高国家经济实力、人民生活水平的同时，不断丰富人民的精神世界、提高全社会文明程度、促进人的全面发展。我提出全球文明倡议，就是要推动国际社会解决物质和精神失衡问题，共同推动人类文明不断进步。

我们致力于永续发展，让人与自然和谐共生。“天人合一”、“道法自然”是中华优秀传统文化的重要理念。我们身处同一个地球村，在我们有生之年可能找不到另一个星球供人类生存了。英语里也有一句话：“地球不是我们从祖辈那里继承的，而是向我们的子孙借来的。”2002 年我在福建担任省长时就提出福建要建成中国第一个生态省。到浙江工作后，2005 年我又提出“绿水青山就是金山银山”，如今这已成为中国人民的共识。现在，全球光伏发电装机容量接近一半在中国，全球新能源汽车一半以上行驶在中国，全球四分之一的新增绿化面积来自中国。我们力争 2030 年前实现碳达峰,2060 年前实现碳中和。我们说到做到。

我们致力于和平发展,推动构建人类命运共同体。中华文明传承的是和平和睦和谐的理念,中国没有对外侵略扩张的基因。中国人民对近代以后自身遭受的动荡和苦难刻骨铭心。我经常讲,中国人民反对的就是战争,求的就是稳定,盼的就是天下太平。中华民族伟大复兴的实现离不开和平稳定的国际环境。我们决不会走通过战争、殖民、掠夺、胁迫等方式实现现代化的老路。

新中国成立 70 多年来,中国没有主动挑起过任何一场战争和冲突,没有侵占过别国一寸土地,是唯一将和平发展写入宪法和执政党党章、上升为国家意志的大国。中国是现行国际秩序的受益者和维护者。我们将坚定维护以联合国为核心的国际体系,维护以国际法为基础的国际秩序,维护以联合国宪章宗旨和原则为基础的国际关系基本准则。无论今后发展到哪一步,我们都永远不称霸、不扩张,不强加于人,不谋求势力范围,不同任何国家打冷战热战。中国将坚持对话而不对抗、结伴而不结盟，继续奉行合作共赢的开放战略。中国追求的不是独善其身的现代化，愿同各国一道，实现和平发展、互利合作、共同繁荣的世界现代化，推动构建人类命运共同体！

女士们、先生们、朋友们！

历史长河大浪淘沙，最终沉淀下来的总是最有价值的东西。不论形势如何变化，中美和平共处的历史逻辑不会变，两国人民交流合作的根本愿望不会变，世界人民对中美关系稳定发展的普遍期待不会变。任何一项伟大事业要成功都必须从人民中找到根基、从人民中集聚力量、由人民来共同完成。中美友好就是这样一项伟大事业。让我们汇聚起两国人民的力量，赓续中美友谊，推进中美关系，努力为促进世界和平和发展作出更大贡献！